Impressum
Verlag: BABADADA GmbH, Nedderfeld 112 , 22529 Hamburg
Geschäftsführer / Verlagsleitung: Harald Hof
Druck: Books on Demand GmbH, In de Tarpen 42, 22848 Norderstedt

Imprint
Publisher: BABADADA GmbH, Nedderfeld 112 , 22529 Hamburg, Germany
Managing Director / Publishing direction: Harald Hof
Print: Books on Demand GmbH, In de Tarpen 42, 22848 Norderstedt

el colegio

בית ספר

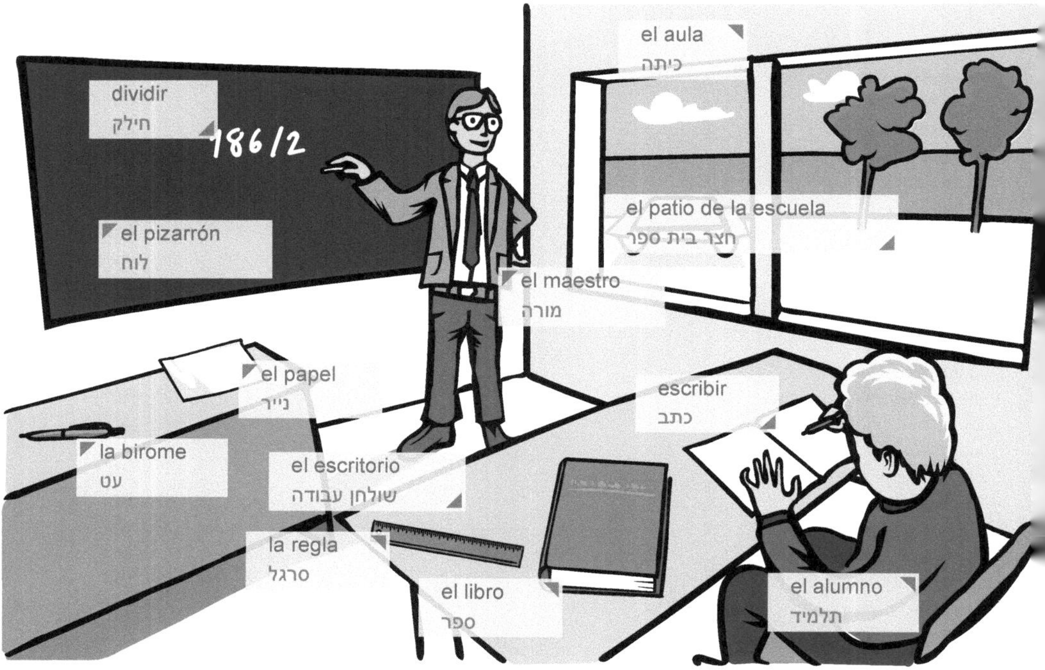

el aula
כיתה
dividir
חילק
186/2
el patio de la escuela
חצר בית ספר
el pizarrón
לוח
el maestro
מורה
el papel
נייר
escribir
כתב
la birome
עט
el escritorio
שולחן עבודה
la regla
סרגל
el libro
ספר
el alumno
תלמיד

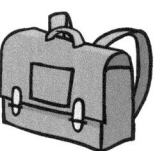

la mochila
ילקוט

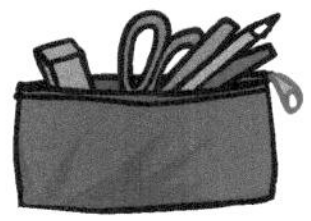

la caja de lápices
קלמר

el lápiz
עיפרון

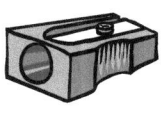

el sacapuntas
מחדד

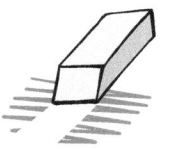

la goma (de borrar)
גומי מחיקה

el bloc de dibujo
חוברת סרטוט

el dibujo

סרטוט

el pincel

מברשת

la caja de pinturas

קופסת צבעים

la tijera

מספריים

el pegamento

דבק

el cuaderno de ejercicios

ספר תרגול

la tarea

שיעור בית

el número

מספר

sumar

חיבר

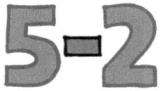

restar

חיסר

multiplicar

הכפיל

calcular

חישב

la letra

אות

el abecedario

אלפבית

la palabra

מילה

el texto

טקסט

leer

קרא

la tiza

גיר

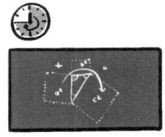

la lección

שיעור

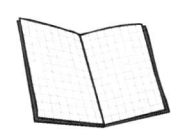

el cuaderno de clase

יומן נוכחות

el examen

מבחן

el certificado

תעודה

el uniforme escolar

תלבושת בית ספר

la educación

חינוך

la enciclopedia

אנציקלופדיה

la universidad

אוניברסיטה

el microscopio

מיקרוסקופ

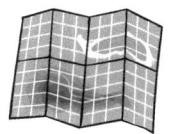

el mapa

מפה

el tacho (de basura)

סל נייר

el viaje
נסיעה

el hotel
מלון
Grand
el hostel
הוסטל
ROOMS
la casa de cambio
המרת מטבע
CHANGE
la valija
מזוודה
el auto
אוטו

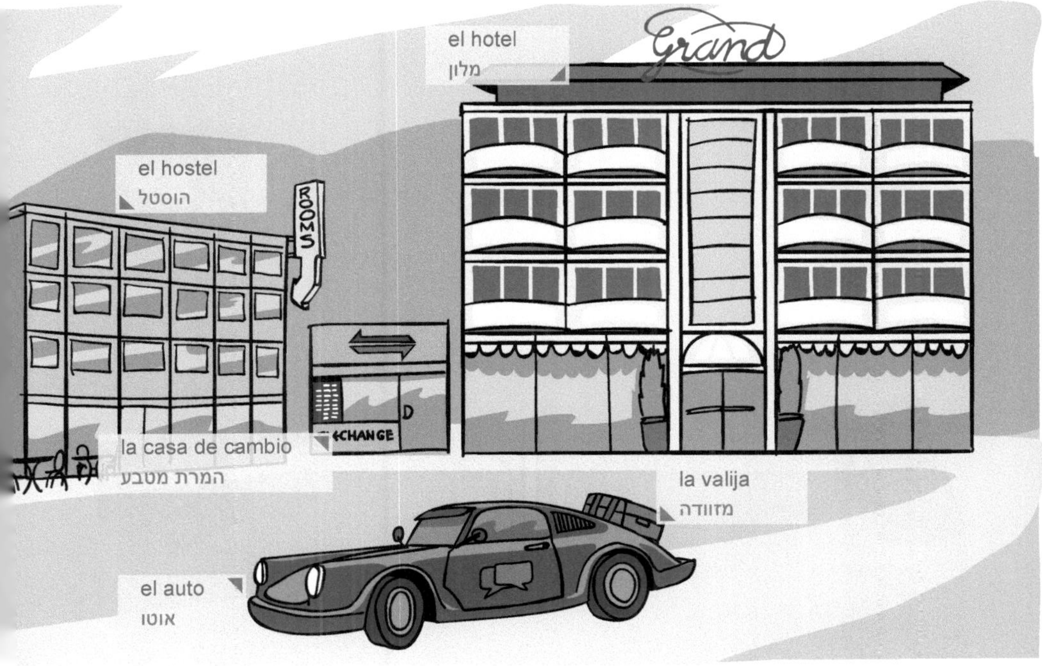

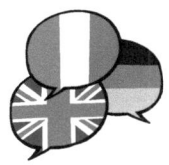

el idioma
שפה

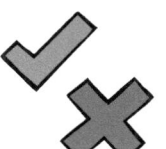

sí / no
כן / לא

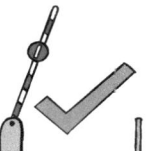

Está bien
בסדר

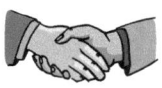

hola
שלום

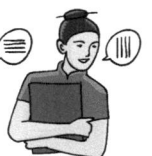

el traductor
מתרגם

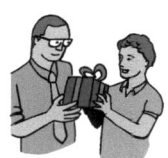

Gracias
תודה

¿cuánto cuesta…?

כמה עולה…..?

No entiendo

אני לא מבין

el problema

בעיה

¡Buenas tardes!

ערב טוב!

¡Buenos días!

בוקר טוב!

¡Buenas noches!

לילה טוב!

el adiós

להתראות

la dirección

כיוון

el equipaje

כבודה

el bolso

תיק

la mochila

תרמיל גב

el invitado

אורח

la habitación

חדר

la bolsa de dormir

שק שינה

la carpa

אוהל

a información turística

מרכז מידע לתיירים

la playa

חוף ים

la tarjeta de crédito

כרטיס אשראי

el desayuno

ארוחת בוקר

el almuerzo

ארוחת צהריים

la cena

ארוחת ערב

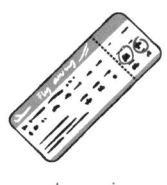

el pasaje

כרטיס

el ascensor

מעלית

el sello

בול

la frontera

גבול

la aduana

מכס

la embajada

שגרירות

la visa

אשרה

el pasaporte

דרכון

el transporte

תחבורה

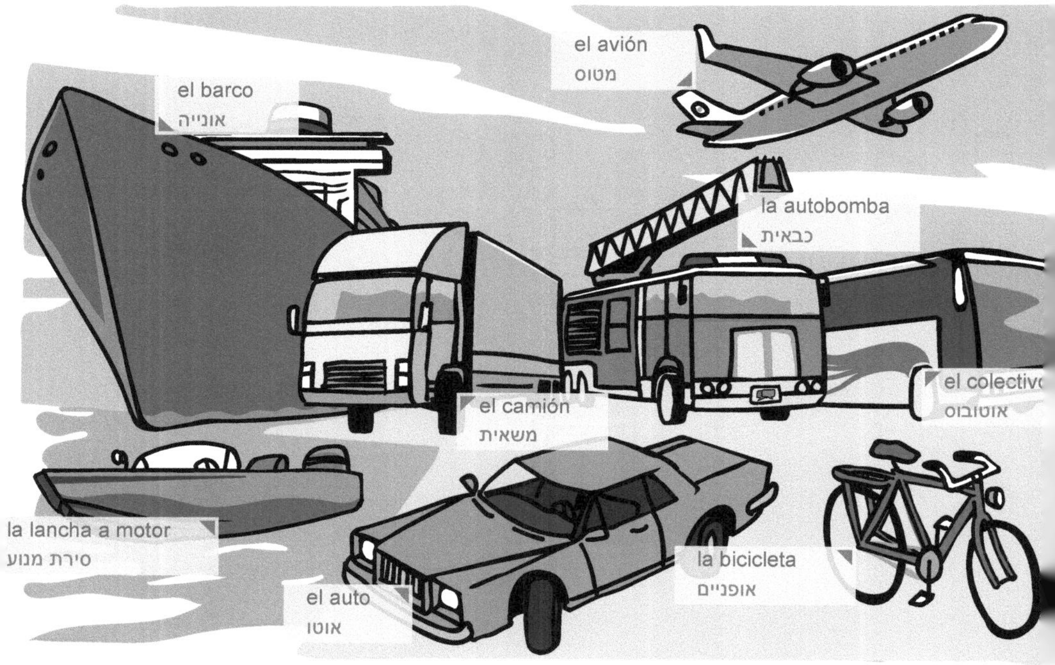

el avión
מטוס
el barco
אונייה
la autobomba
כבאית
el colectivo
אוטובוס
el camión
משאית
la lancha a motor
סירת מנוע
la bicicleta
אופניים
el auto
אוטו

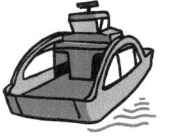

el ferry

מעבורת

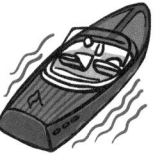

el bote

סירה

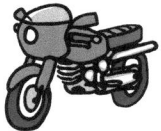

la moto

אופנוע

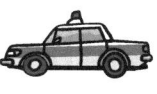

el patrullero

ניידת משטרה

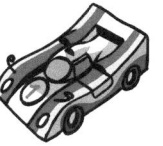

el auto de carreras

מכונית מרוץ

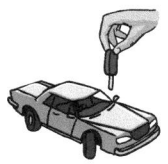

el auto de alquiler

רכב שכור

el alquiler de autos

מכוניות בשיתוף

la grúa

אוטו גרר

el camión de la basura

משאית זבל

el motor

מנוע

la nafta

דלק

la estación de servicio

תחנת דלק

la señal de tránsito

תמרור

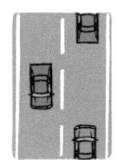

el tránsito

תנועה

el embotellamientc

פקק תנועה

el estacionamiento

חניה

la estación de tren

תחנת רכבת

las vías

פסי רכבת

el tren

רכבת

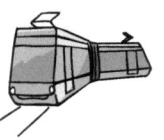

el tranvía

רכבת קלה

el vagón

קרון

el helicóptero

מסוק

el aeropuerto

שדה-תעופה

la torre

מגדל

el pasajero

נוסע

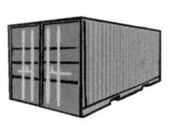

el contenedor

קונטיינר

la caja de cartón

קרטון

la carretilla

עגלה

la canasta

סל

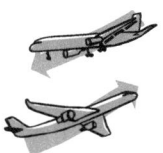

despegar / aterrizar

המראה / נחיתה

la ciudad

עיר

el pueblo

כפר

el centro de la ciudad

מרכז העיר

la casa

בית

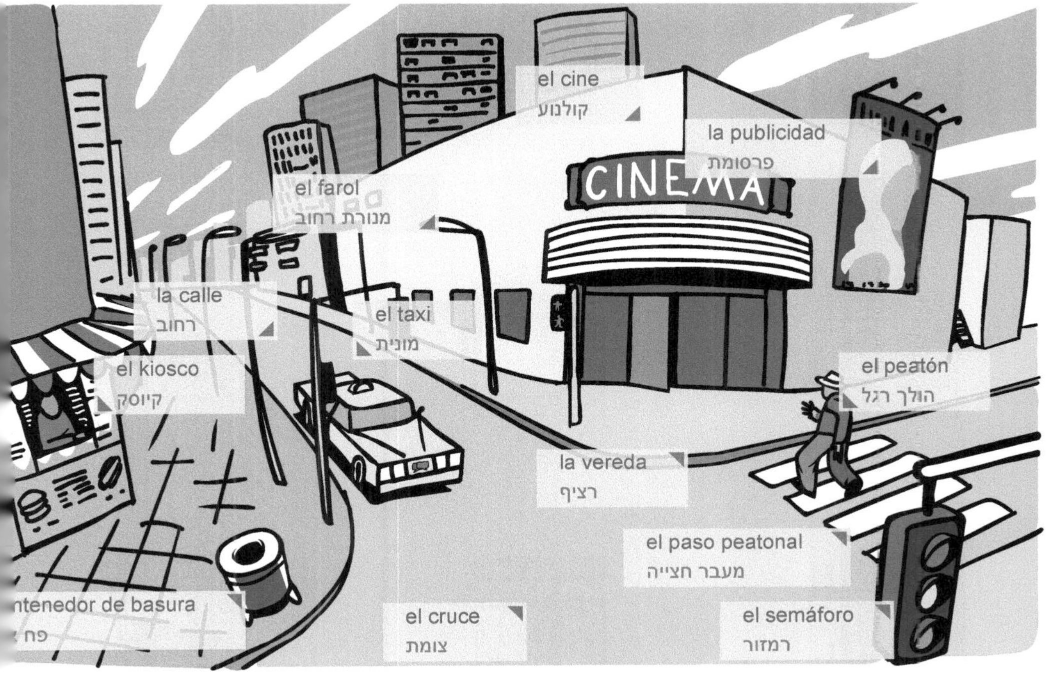

el cine
קולנוע

la publicidad
פרסומת

el farol
מנורת רחוב

CINEMA

la calle
רחוב

el taxi
מונית

el kiosco
קיוסק

el peatón
הולך רגל

la vereda
רציף

el paso peatonal
מעבר חצייה

contenedor de basura
פח

el cruce
צומת

el semáforo
רמזור

la cabaña

בקתה

el departamento

דירה

la estación de tren

תחנת רכבת

la municipalidad

עירייה

el museo

מוזיאון

el colegio

בית ספר

la universidad

אוניברסיטה

el banco

בנק

el hospital

בית חולים

el hotel

מלון

la farmacia

בית מרקחת

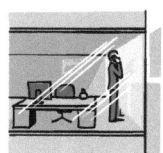

la oficina

משרד

la librería

חנות ספרים

el negocio

חנות

la florería

חנות פרחים

el supermercado

סופרמרקט

el mercado

שוק

las grandes tiendas

כל-בו

la pescadería

מוכר דגים

el centro comercial

קניון

el puerto

נמל

el parque

פארק

el banco

ספסל

el puente

גשר

las escaleras

מדרגות

el subte

רכבת תחתית

el túnel

מנהרה

a parada del colectivo

תחנת אוטובוס

el bar

בר

el restaurante

מסעדה

el buzón

תא דואר

el letrero

שלט רחוב

el parquímetro

מדחן

el zoológico

גן חיות

la pileta

בריכת שחיה

la mezquita

מסגד

la granja

חווה

la contaminación

זיהום

el cementerio

בית עלמין

la iglesia

כנסייה

los juegos infantiles

מגרש משחקים

el templo

בית מקדש

el paisaje

נוף

la hoja
עלה

el poste indicador
תמרור

el camino
דרך

la pradera
מרעה

la piedra
אבן

el excursionista
מטייל

el árbol
עץ

el río
נהר

la hierba
דשא

la flor
פרח

el valle

בקעה

la montaña

הר

el lago

אגם

el bosque

יער

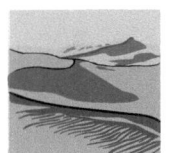

el desierto

מדבר

el volcán

הר געש

el castillo

טירה

el arco iris

קשת בענן

el champiñón

פטריה

la palmera

דקל

el mosquito

יתוש

la mosca

זבוב

la hormiga

נמלה

la abeja

דבורה

la araña

עכביש

el escarabajo

חיפושית

la rana

צפרדע

la ardilla

סנאי

el erizo

קיפוד

la liebre

ארנב

la lechuza

ינשוף

el pájaro

ציפור

el cisne

ברבור

el jabalí

חזיר בר

el ciervo

צבי

el alce

אייל הקורא

la presa

סכר

el aerogenerador

טורבינת רוח

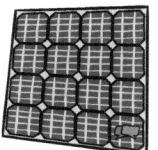

el panel solar

פנל סולארי

el clima

אקלים

el restaurante
מסעדה

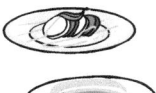

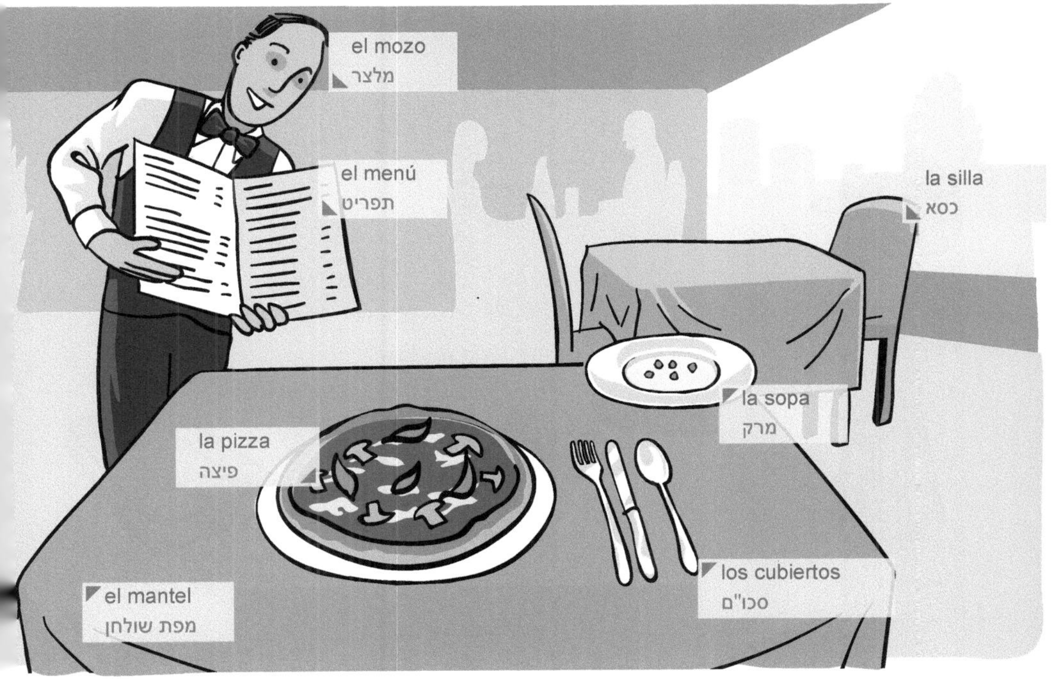
el mozo
מלצר
el menú
תפריט
la silla
כסא
la sopa
מרק
la pizza
פיצה
los cubiertos
סכו"ם
el mantel
מפת שולחן

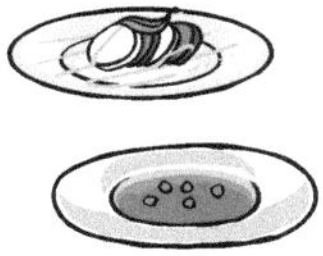

la entrada
מנת פתיחה

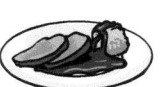

el plato principal
מנה עיקרית

el postre
קינוח

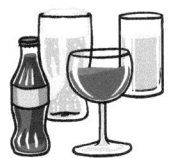

las bebidas
שתיות

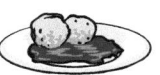

la comida
אוכל

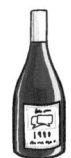

la botella
בקבוק

la comida rápida

מזון מהיר

la comida callejera

אוכל רחוב

la tetera

קנקן תה

la azucarera

מסכרת

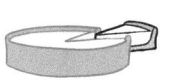

la porción

מנה

la cafetera expreso

מכונת אספרסו

la sillita alta

כסא תינוק

la cuenta

חשבון

la bandeja

מגש

el cuchillo

סכין

el tenedor

מזלג

la cuchara

כף

la cucharita

כפית

la servilleta

מפית

el vaso

כוס

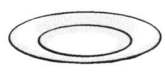

el plato

צלחת

el plato hondo

קערת מרק

el plato

תחתית

la salsa

רוטב

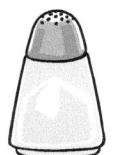

el salero

מלחייה

el molinillo de pimienta

מטחנת פלפל

el vinagre

חומץ

el aceite

שמן

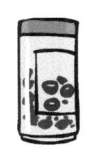

las especias

תבלינים

el kétchup

קטשופ

la mostaza

חרדל

la mayonesa

מיונז

el supermercado

סופרמרקט

la oferta especial
מבצע
FOR
el cliente
לקוח
los lácteos
מוצרי חלב
la fruta
פירות
el changuito
עגלת קניות

BUTCHERS

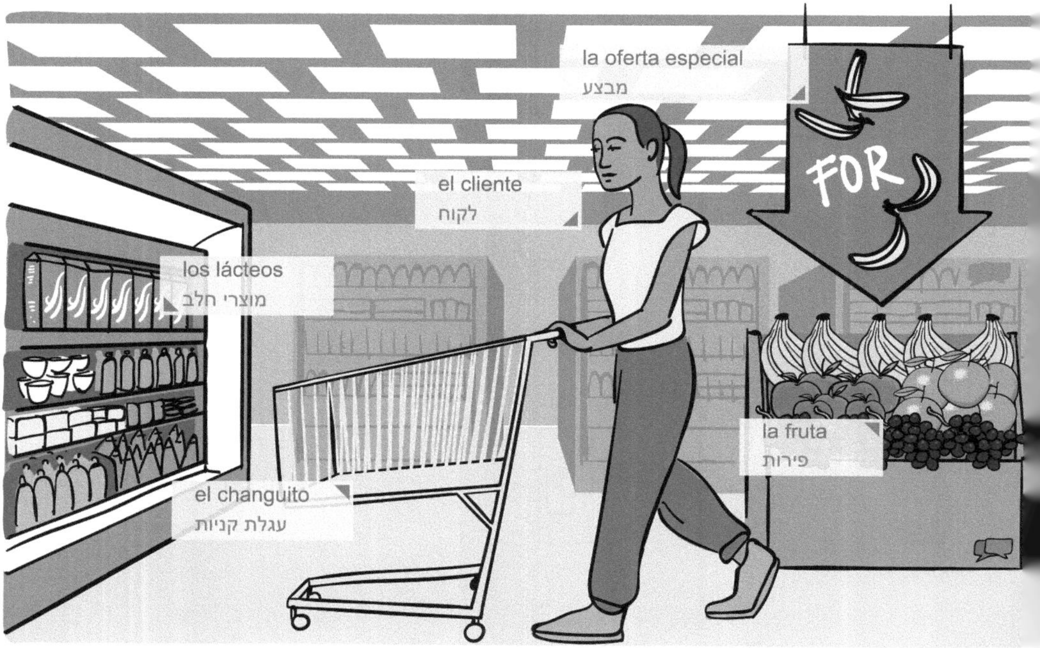

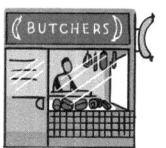

la carnicería

אטליז

BAKERY

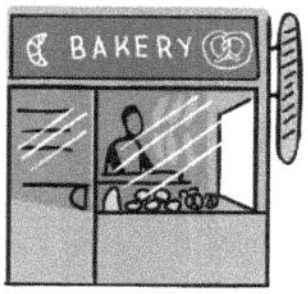

la panadería

מאפייה

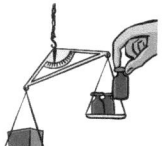

pesar

שקל

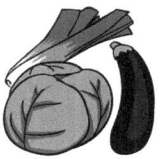

las verduras

ירקות

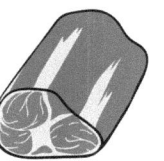

la carne

בשר

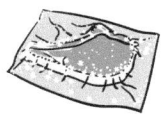

los alimentos congelados

מזון קפוא

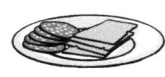

los fiambres

בשר קר

los alimentos enlatados

שימורים

el detergente en polvo

אבקת כביסה

las golosinas

ממתקים

los electrodomésticos

מוצרי בית

los productos de limpieza

חומר ניקוי

la vendedora

מוכרת

la caja

קופה

el cajero

קופאי

la lista de compras

רשימת קניות

el horario de atención

שעות פתיחה

la billetera

ארנק

la tarjeta de crédito

כרטיס אשראי

la cartera

תיק

la bolsa de plástico

שקית ניילון

el agua

מים

el jugo

מיץ

la leche

חלב

la bebida cola

קולה

el vino

יין

la cerveza

בירה

el alcohol

אלכוהול

el cacao

קקאו

el té

תה

el café

קפה

el café expreso

אספרסו

el cappuccino

קפוצ'ינו

la banana

בננה

la manzana

תפוח

la naranja

תפוז

el melón

אבטיח

el limón

לימון

la zanahoria

גזר

el ajo

שום

el bambú

במבוק

la cebolla

בצל

el champiñón

פטריות

las nueces

אגוזים

los fideos

אטריות

los tallarines

ספגטי

el arroz

אורז

la ensalada

סלט

las papas fritas

צ'יפס

las papas fritas

צ'יפס

la pizza

פיצה

la hamburguesa

המבורגר

el sándwich

כריך

el churrasco

שניצל

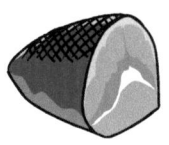

el jamón

שינקין

el salame

סלאמי

la salchicha

נקניקיה

el pollo

עוף

el asado

טיגון

el pescado

דג

los copos de avena

שיבולת שועל

el muesli

מוזלי

los copos de maíz

קורנפלקס

la harina

קמח

la medialuna

קרואסון

el pancito

לחמנייה

el pan

לחם

la tostada

טוסט

las galletitas

עוגיות

la manteca

חמאה

la cuajada

גבינה לבנה

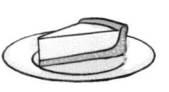

la torta

עוגה

el huevo

ביצה

el huevo frito

ביצת עין

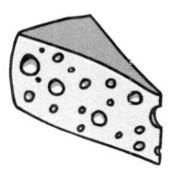

el queso

גבינה

el helado

גלידה

el azúcar

סוכר

la miel

דבש

la mermelada

ריבה

la pasta de chocolate

ממרח נוגט

el curry

קארי

la granja
חווה

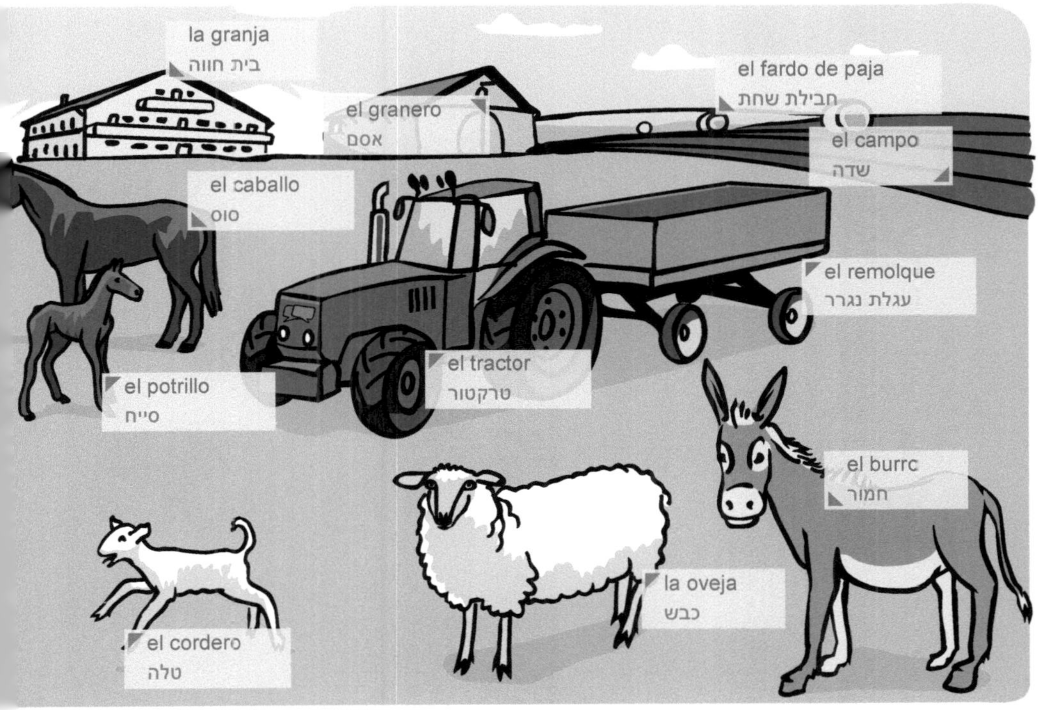

la granja
בית חווה
el fardo de paja
חבילת שחת
el granero
אסם
el campo
שדה
el caballo
סוס
el remolque
עגלת נגרר
el tractor
טרקטור
el potrillo
סייח
el burrc
חמור
la oveja
כבש
el cordero
טלה

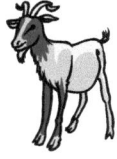

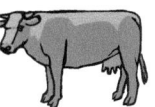

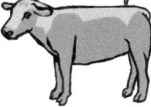

la cabra

עז

la vaca

פרה

el ternero

עגל

el cerdo

חזיר

el lechón

חזרזיר

el toro

שור

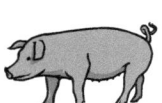

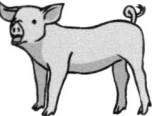

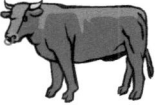

el ganso

אווז

el pato

ברווז

el pollo

אפרוח

la gallina

תרנגולת

el gallo

תרנגול

la rata

חולדה

el gato

חתול

el ratón

עכבר

el buey

שור

el perro

כלב

la cucha

מלונה

la manguera

צינור השקיה

la regadera

קנקן מים

la guadaña

חרמש

el arado

מחרשה

la hoz

מגל

la azada

מגרפה

la horquilla

קלשון

el hacha

גרזן

la carretilla

מריצה

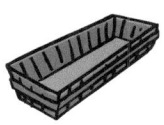

el abrevadero

שוקת

la lechera

כד חלב

la bolsa

שק

la reja

גדר

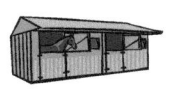

el establo

אורווה

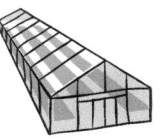

el invernadero

חממה

el suelo

אדמה

la semilla

זרע

el fertilizador

דשן

la cosechadora

מקצרה

cosechar

קצר

la cosecha

קציר

las batatas

בטטה אפריקנית

el trigo

חיטה

la soja

סויה

la papa

תפוח אדמה

el maíz

תירס

la semilla de colza

קנולה

el árbol frutal

עץ פירות

la mandioca

קסבה

los cereales

דגנים

la casa

בית

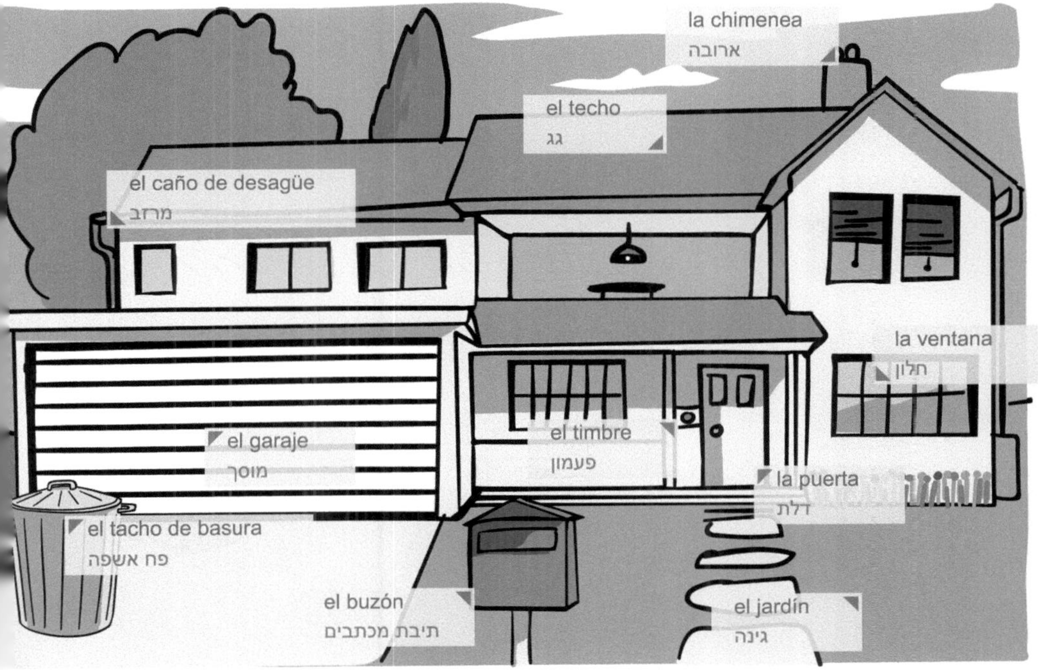

la chimenea
ארובה
el techo
גג
el caño de desagüe
מרזב
la ventana
חלון
el timbre
פעמון
el garaje
מוסך
la puerta
דלת
el tacho de basura
פח אשפה
el buzón
תיבת מכתבים
el jardín
גינה

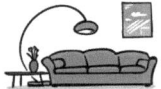

el living

סלון

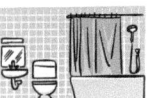

el baño

חדר אמבטיה

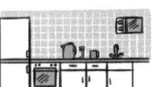

la cocina

מטבח

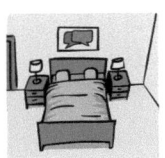

el dormitorio

חדר שינה

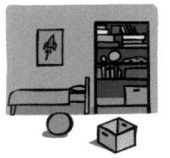

el cuarto de los chicos

חדר ילדים

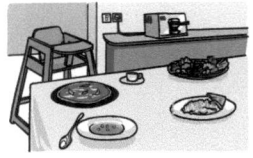

el comedor

חדר אוכל

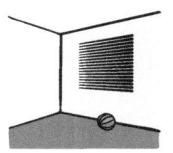

el piso

רצפה

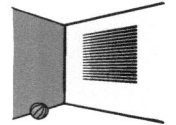

la pared

קיר

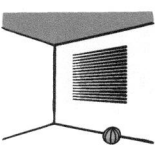

el cielorraso

תקרה

el sótano

מרתף

el sauna

סאונה

el balcón

מרפסת

la terraza

מרפסת

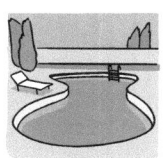

la pileta

בריכה

la cortadora de pasto

מכסחת דשא

la sábana

סדין

el acolchado

כיסוי מיטה

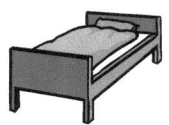

la cama

מיטה

la escoba

מטאטא

el balde

דלי

el interruptor

מפסק

el living
סלון

el empapelado
טפט
la imagen
תמונה
la lámpara
מנורה
el estante
מדף
el armario
ארון
la televisión
טלוויזיה
la chimenea
אח
la flor
פרח
el almohadón
כרית
el sofá
ספה
el florero
אגרטל
el control remoto
שלט רחוק

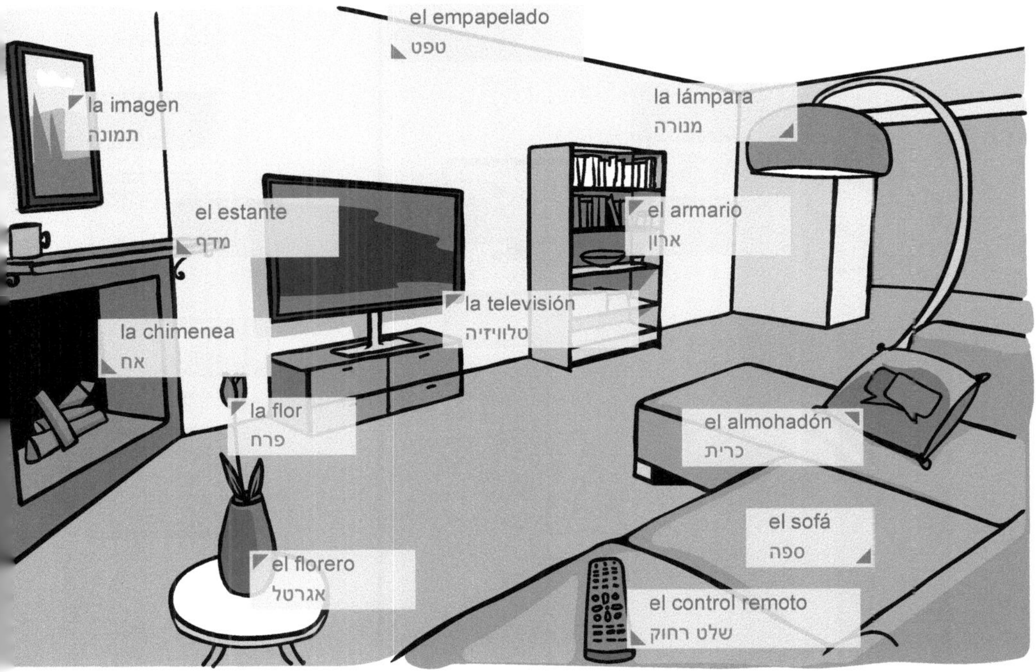

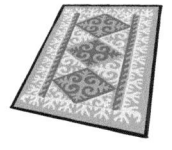

la alfombra

שטיח

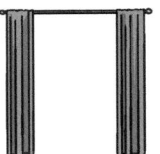

la cortina

וילון

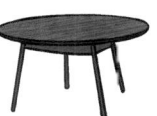

la mesa

שולחן

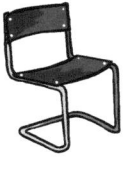

la silla

כסא

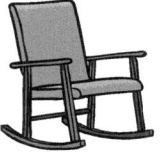

la mecedora

כיסא נדנדה

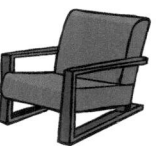

el sillón

כורסה

el libro

ספר

la frazada

שמיכה

la decoración

דקורציה

la leña

עצי הסקה

la película

סרט

el equipo de música

מערכת סטריאו

la llave

מפתח

el diario

עיתון

la pintura

ציור

el póster

פוסטר

la radio

רדיו

el cuaderno

מחברת

la aspiradora

שואב אבק

el cactus

קקטוס

la vela

נר

la cocina
מטבח

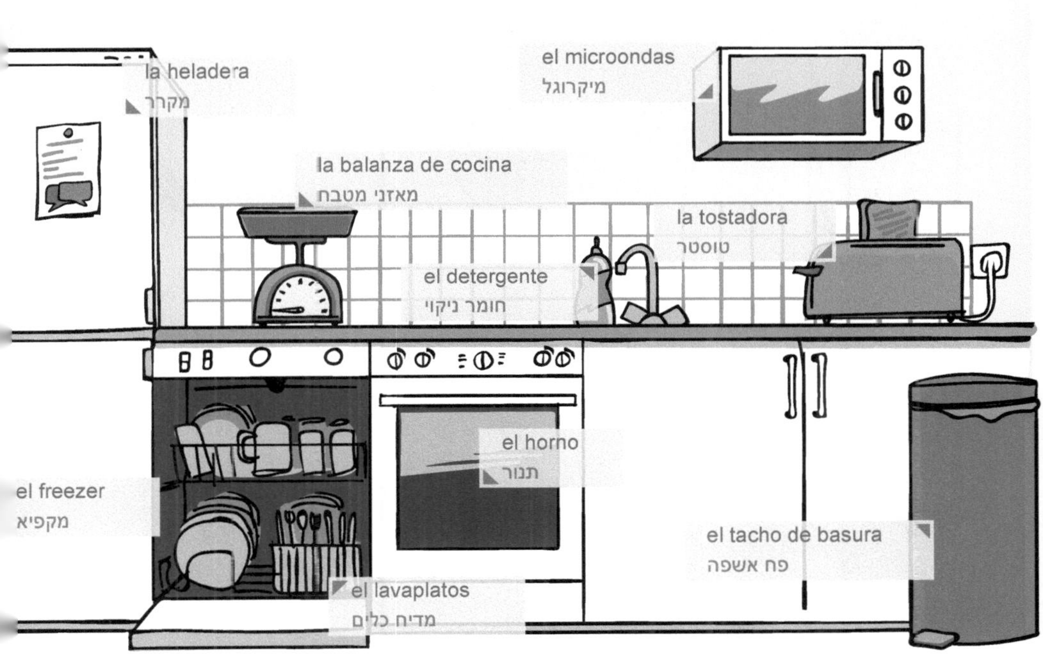

la heladera
מקרר
el microondas
מיקרוגל
la balanza de cocina
מאזני מטבח
la tostadora
טוסטר
el detergente
חומר ניקוי
el horno
תנור
el freezer
מקפיא
el tacho de basura
פח אשפה
el lavaplatos
מדיח כלים

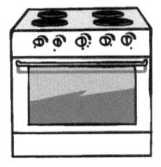

la cocina

תנור

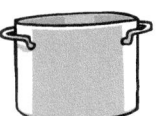

la olla

סיר

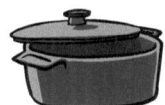

la olla de hierro fundido

סיר ברזל

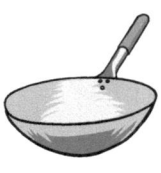

el wok

ווק

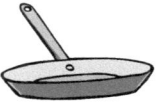

la sartén

מחבת

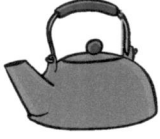

la pava

קומקום חשמלי

la vaporera

מאדה

la bandeja de horno

מגש אפייה

la vajilla

כלי אוכל

la taza

ספל

el bol

קערה

los palitos

צ'ופסטיקס

el cucharón

מצקת

la espátula

מרית

la batidora

מטרפה

el colador

מסננת בישול

el colador

מסננת

el rallador

מגרדת

el mortero

מכתש

la parrilla

גריל

la fogata

מדורה

la tabla de picar

קרש חיתוך

el palo de amasar

מערוך

el sacacorchos

פותחן פקקים

la lata

פחית

el abrelatas

פותחן קופסאות

la manopla

מטלית

la pileta

כיור

el cepillo

מברשת

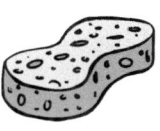

la esponja

ספוג

la batidora

בלנדר

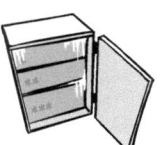

el congelador

מקפיא

la mamadera

בקבוק לתינוק

la canilla

ברז

el baño

חדר אמבטיה

la calefacción
חימום
la toalla
מגבת
la ducha
מקלחת
la cortina de la ducha
וילון מקלחת
el baño de espuma
אמבטיית קצף
la bañadera
אמבטיה
el vaso
כוס
el lavarropas
מכונת כביסה
la canilla
ברז
las baldosas
אריחים
la pelela
סיר לילה
la pileta
כיור

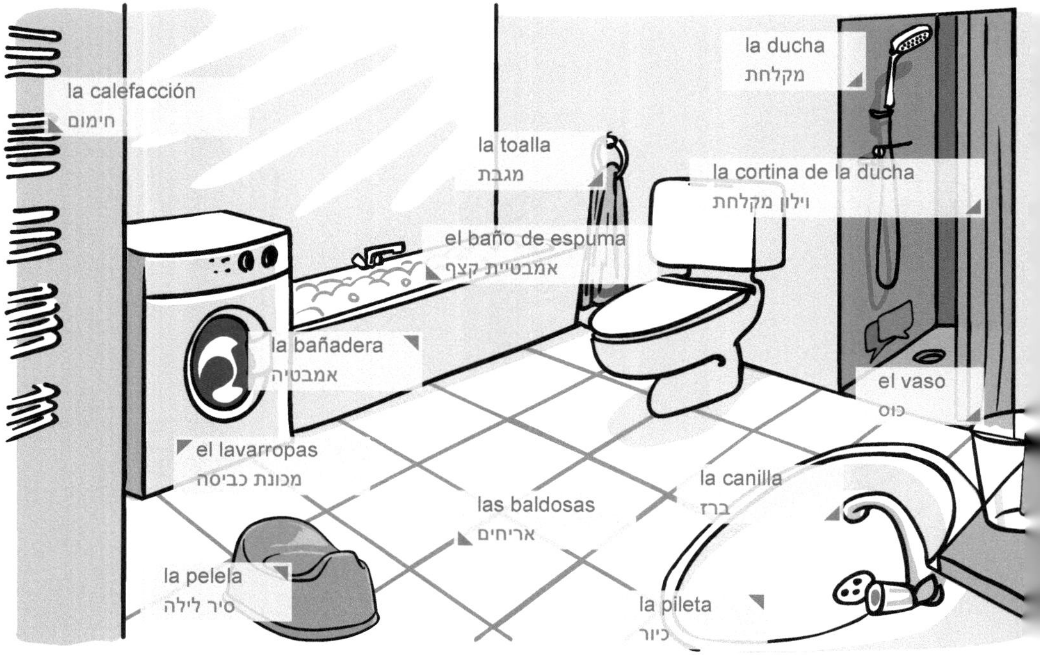

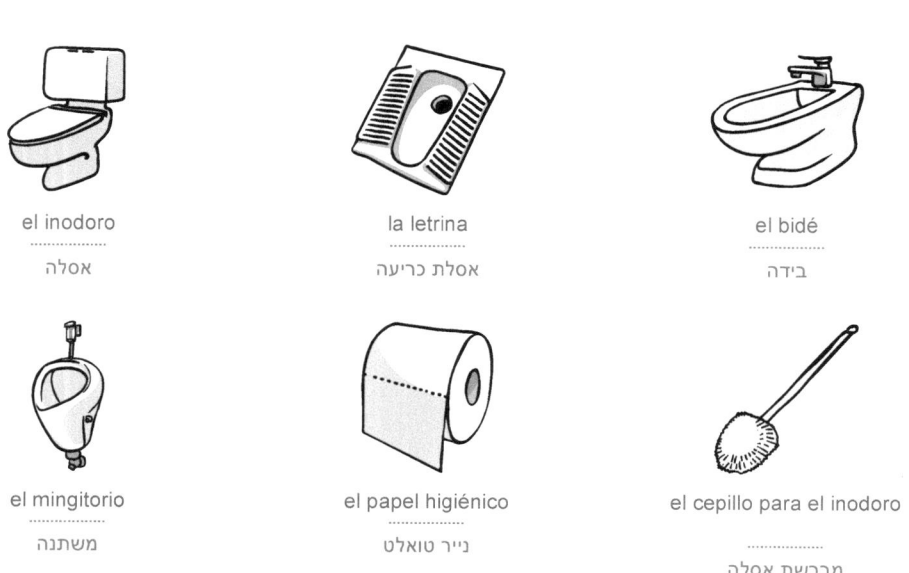

el inodoro
....
אסלה

la letrina
....
אסלת כריעה

el bidé
....
בידה

el mingitorio
....
משתנה

el papel higiénico
....
נייר טואלט

el cepillo para el inodoro
....
מברשת אסלה

el cepillo de dientes

מברשת שיניים

el dentífrico

משחת שיניים

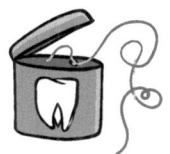

el hilo dental

חוט דנטלי

lavar

שטף

la ducha de mano

מקלחת יד

la ducha higiénica

צינור שטיפה לשירותים

la palangana

קערת רחצה

el cepillo para la espalda

מברשת גב

el jabón

סבון

el gel de ducha

ג'ל רחצה

el shampoo

שמפו

la toallita

ליפה

el desagüe

ניקוז

la crema

קרם

el desodorante

דיאודורנט

el espejo

מראה

el espejito

מראת יד

la maquinita de afeitar

סכין גילוח

la espuma de afeitar

קצף גילוח

el aftershave

אפטרשייב

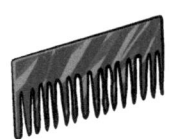

el peine

מסרק

el cepillo

מברשת

el secador de pelo

מייבש שיעור

el spray

ספריי לשיער

el maquillaje

איפור

el lápiz de labios

שפתון

el esmalte para uñas

לק

el algodón

צמר גפן

la tijera para uñas

מספריים לציפורניים

el perfume

בושם

el portacosméticos

תיק כלי רחצה

la banqueta

שרפרף

la balanza

משקל

la bata

חלוק רחצה

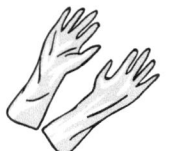

los guantes de goma

כפפות גומי

el tampón

טמפון

la toallita femenina

תחבושת סניטרית

el baño químico

שירותים כימיקליים

el cuarto de los chicos

חדר ילדים

el despertador
שעון מעורר
el peluche
צעצוע חיבוק
el coche de juguete
מכונית צעצוע
el sonajero
רעשן
la casa de muñecas
בית בובות
el regalo
מתנה

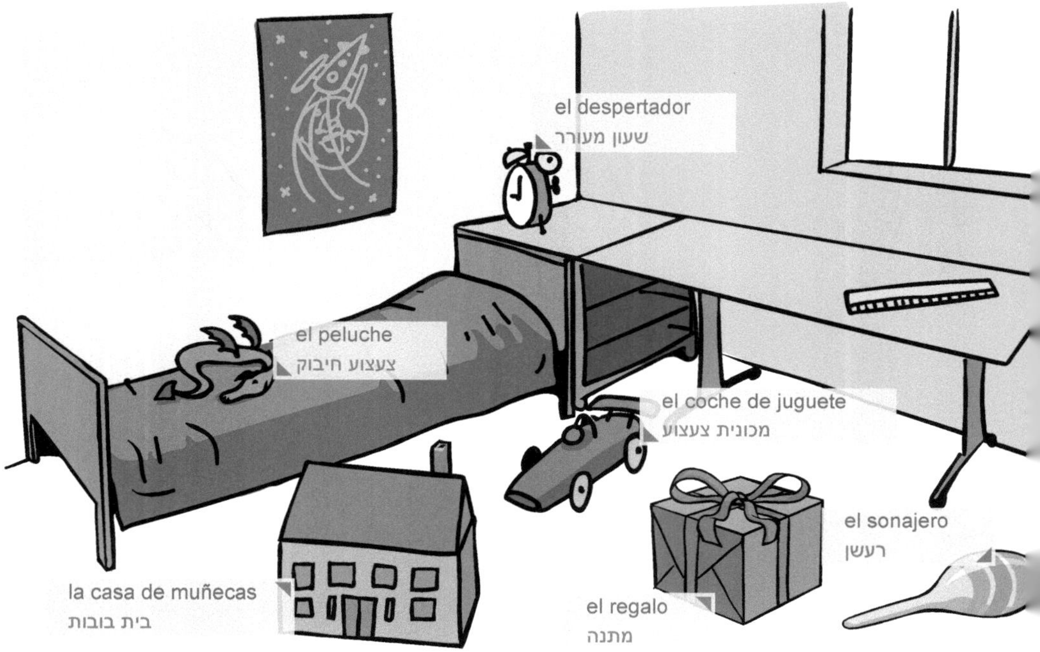

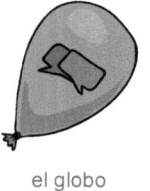

el globo

בלון

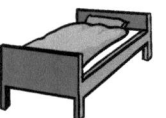

la cama

מיטה

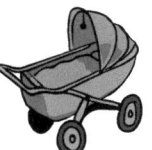

el cochecito

עגלה

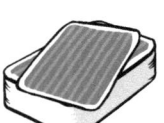

las cartas

משחק קלפים

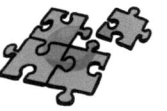

el rompecabezas

פאזל

la historieta

קומיקס

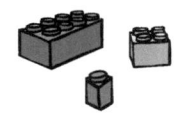

las piezas de lego

לגו

los ladrillos de juguete

קוביות משחק

la figura de acción

דמות משחק

el enterito (de bebé)

סרבל תינוקות

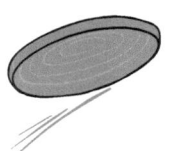

el frisbee

פריזבי

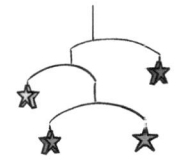

el móvil para bebés

נייד

el juego de mesa

משחק לוח

los dados

קוביה

el tren eléctrico

רכבת צעצוע

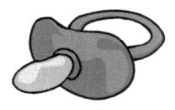

el chupete

מוצץ

la fiesta

מסיבה

el libro de cuentos ilustrado

אלבום תמונות

la pelota

כדור

la muñeca

בובה

jugar

שיחק

el arenero

ארגז חול

la hamaca

נדנדה

los juguetes

צעצועים

la consola de videojuegos

קונסולת משחקים

el triciclo

אופניים תלת גלגלי

el osito de peluche

דובון

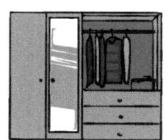

el armario

ארון בגדים

la ropa

בגדים

las medias

גרביים

las medias panty

גרביונים

las calzas

גרביון

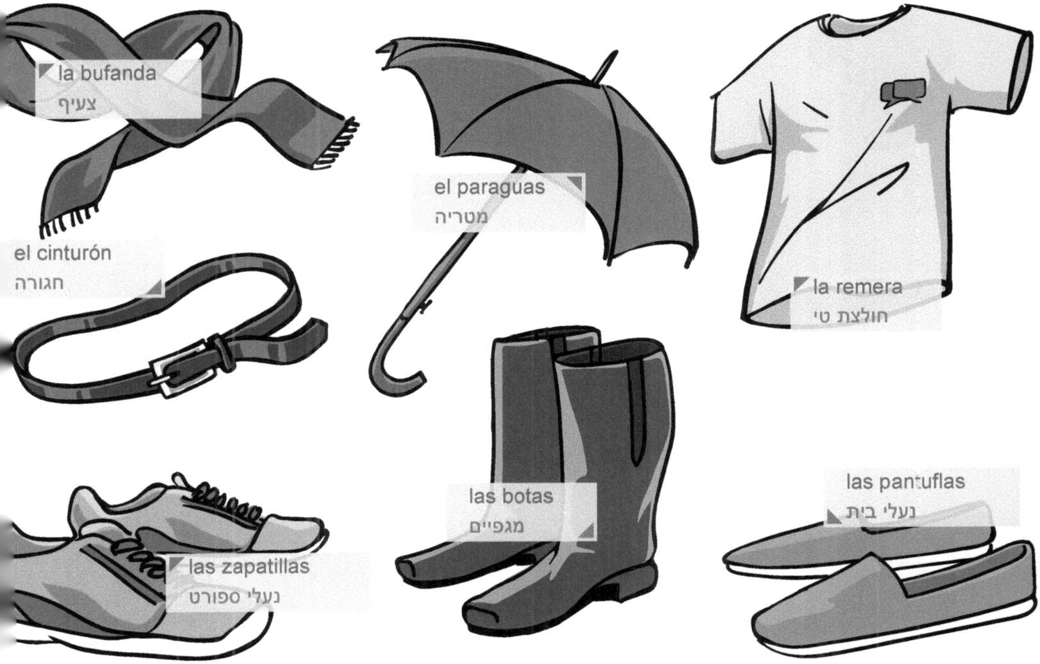

la bufanda
צעיף

el paraguas
מטריה

la remera
חולצת טי

el cinturón
חגורה

las botas
מגפיים

las pantuflas
נעלי בית

las zapatillas
נעלי ספורט

las sandalias
סנדלים

los zapatos
נעליים

las botas de goma
מגפי גומי

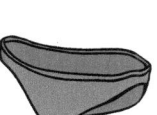

la ropa interior
תחתונים

el corpiño
חזייה

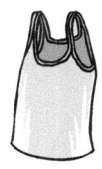

el chaleco
וסט

el body

גוף

los pantalones

מכנסיים

los jeans

ג'ינס

la pollera

חצאית

la blusa

חולצה מכופתרת

la camisa

חולצה

el pulóver

אפודה

el buzo

סווצ'ר עם קפוצ'ון

el blazer

בלייזר

la campera

ז'קט

el tapado

מעיל

el piloto

מעיל גשם

el traje

תלבושת

el vestido

שמלה

el vestido de novia

שמלת כלה

el traje

חליפה

el camisón

כותונת לילה

el pijama

פיג'מה

el sari

סארי

el pañuelo para la cabeza

מטפחת ראש

el turbante

טורבן

la burka

בורקה

el caftán

קאפטן

la abaya

עבאיה

el traje de baño

בגד ים

el short de baño

בגד ים

los shorts

מכנסיים קצרים

el jogging

בגד אימון

el delantal

סינר

los guantes

כפפות

la ropa - בגדים   47

el botón

כפתור

los anteojos

משקפיים

la pulsera

צמיד יד

el collar

שרשרת

el anillo

טבעת

el aro

עגיל

la gorra

כובע

la percha

קולב

el sombrero

כובע

la corbata

עניבה

el cierre

רוכסן

el casco

קסדה

los tiradores

כתפיות

el uniforme escolar

תלבושת בית ספר

el uniforme

מדים

el babero

מפית אוכל

el chupete

מוצץ

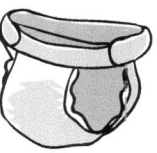

el pañal

חיתול

la oficina

משרד

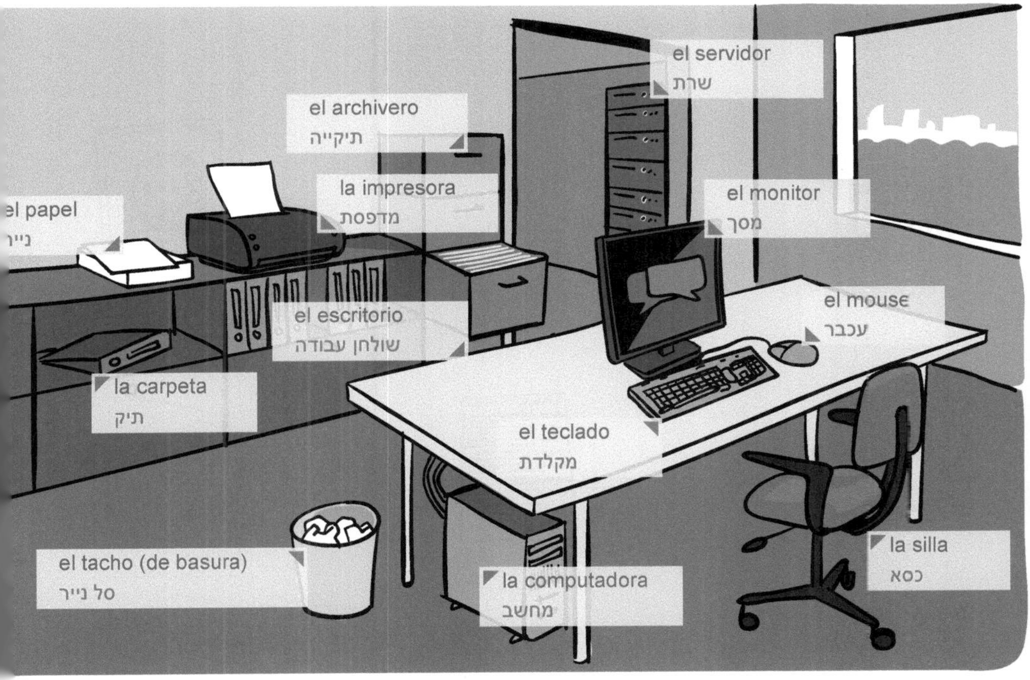

el servidor

שרת

el archivero

תיקייה

la impresora

מדפסת

el papel

נייר

el monitor

מסך

el escritorio

שולחן עבודה

el mouse

עכבר

la carpeta

תיק

el teclado

מקלדת

la silla

כסא

el tacho (de basura)

סל נייר

la computadora

מחשב

la taza de café

ספל קפה

la calculadora

מחשבון

el internet

אינטרנט

la laptop

מחשב נייד

la carta

מכתב

el mensaje

הודעה

el celular

נייד

la red

רשת

la fotocopiadora

מכונת צילום

el software

תוכנה

el teléfono

טלפון

el tomacorriente

שקע

el fax

פקס

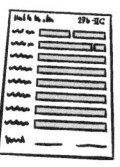

el formulario

טופס

el documento

מסמך

comprar

קנה

pagar

שילם

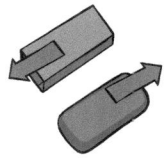

hacer negocios

סחר

el dinero

כסף

el dólar

דולר

el euro

יורו

el yen

ין

el rublo

רובל

el franco suizo

פרנק שווייצרי

el yuan

יואן רנמינבי

la rupia

רופי

el cajero automático

כספומט

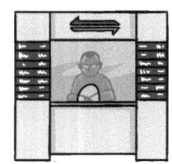

la casa de cambio

המרת מטבע

el oro

זהב

la plata

כסף

el petróleo

נפט

la energía

אנרגיה

el precio

מחיר

el contrato

חוזה

el impuesto

מס

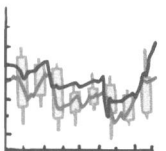

la acción

מנייה

trabajar

עבד

el empleado

עובד

el empleador

מעסיק

la fábrica

מפעל

el negocio

חנות

las ocupaciones
מקצועות

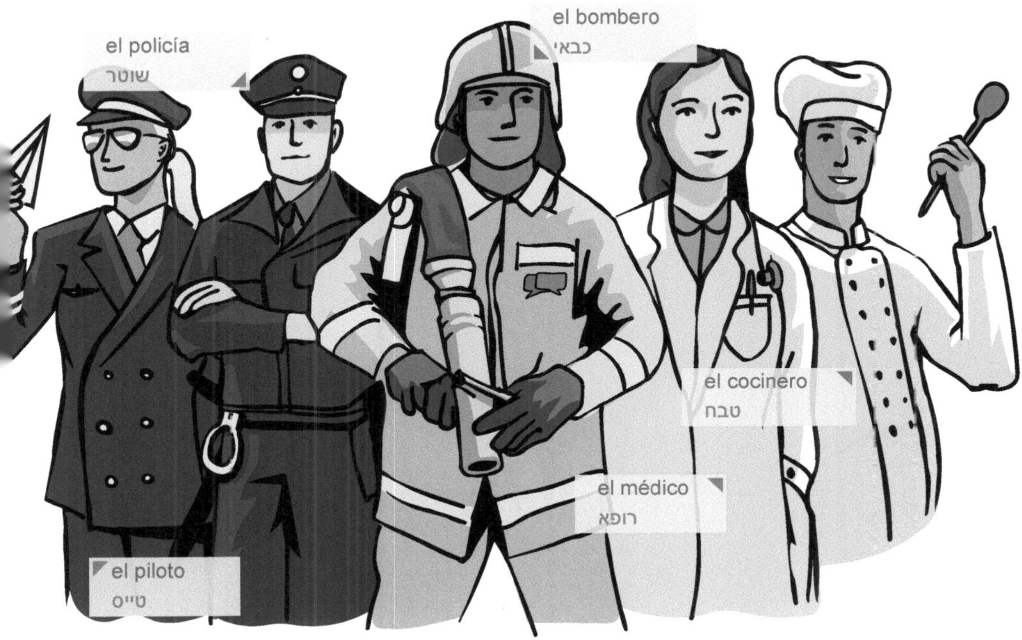
el policía
שוטר
el bombero
כבאי
el cocinero
טבח
el médico
רופא
el piloto
טייס

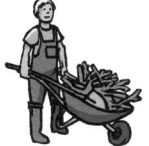

el jardinero

גנן

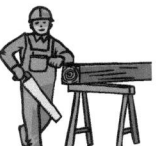

el carpintero

נגר

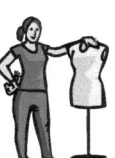

la modista

תופרת

el juez

שופט

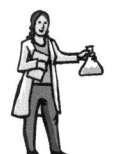

el farmacéutico

כימאי

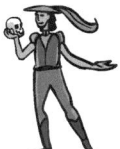

el actor

שחקן

el colectivero

נהג אוטובוס

el taxista

נהג מונית

el pescador

דייג

la mucama

עובדת נקיון

el techista

מתקן גגות

el mozo

מלצר

el cazador

צייד

el pintor

צייר

el panadero

אופה

el electricista

חשמלאי

el albañil

עובד בניין

el ingeniero

מהנדס

el carnicero

קצב

el plomero

אינסטלטור

el cartero

דוור

el soldado

חייל

el arquitecto

אדריכל

el cajero

קופאי

el florista

מוכר פרחים

el peluquero

ספר

el cobrador

כרטיסן

el mecánico

מכונאי

el capitán

קברניט

el dentista

רופא שיניים

el científico

מדען

el rabino

רב

el imán

אימאם

el monje

נזיר

el sacerdote

כומר

las herramientas

כלי עבודה

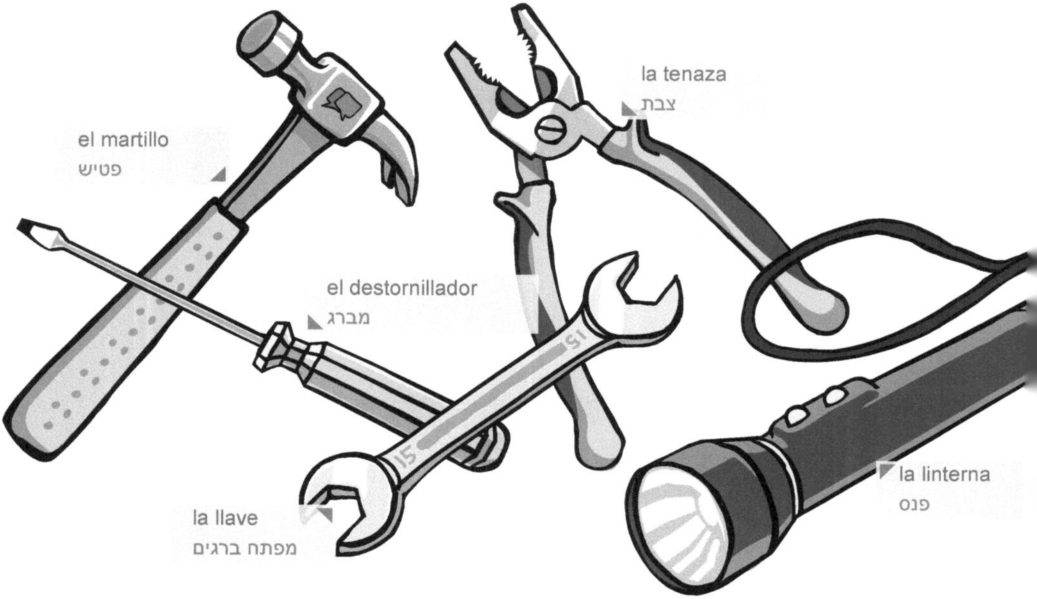

el martillo
פטיש
la tenaza
צבת
el destornillador
מברג
la llave
מפתח ברגים
la linterna
פנס

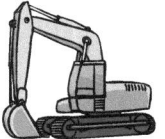

la excavadora

דחפור

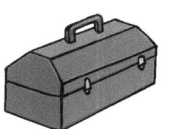

la caja de herramientas

ארגז כלים

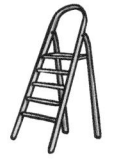

la escalera portátil

סולם

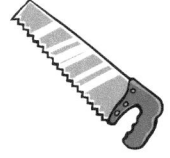

la sierra

מסור

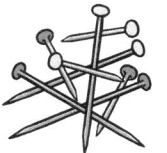

los clavos

מסמרים

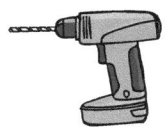

el taladro

מקדחה

arreglar

תיקון

la pala de jardín

את חפירה

¡Qué bronca!

לעזאזל!

la pala de plástico

יעה

el tacho de pintura

פח צבע

los tornillos

ברגים

los instrumentos musicales

כלי נגינה

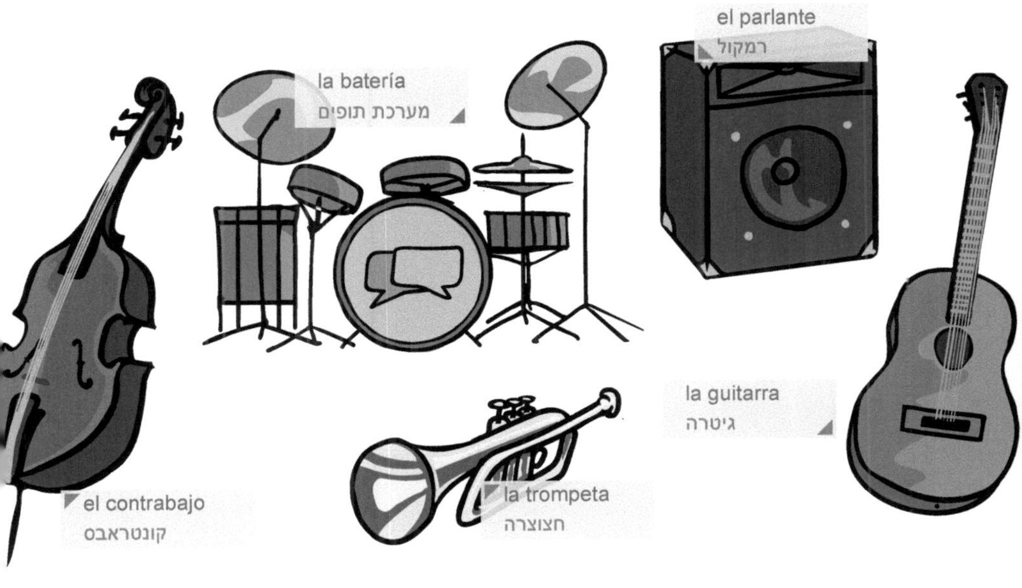

el parlante

רמקול

la batería

מערכת תופים

la guitarra

גיטרה

el contrabajo

קונטראבס

la trompeta

חצוצרה

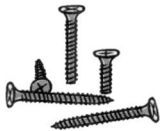

el piano

פסנתר

el violín

כינור

el bajo

בס

los timbales

תוף הדוד

el tambor

תופים

el teclado

מקלדת פסנתר

el saxofón

סקסופון

la flauta

חליל

el micrófono

מיקרופון

la entrada
כניסה

el tigre
נמר

la jaula
כלוב

la cebra
זברה

el alimento para animales
מזון לחיות

el oso panda
פנדה

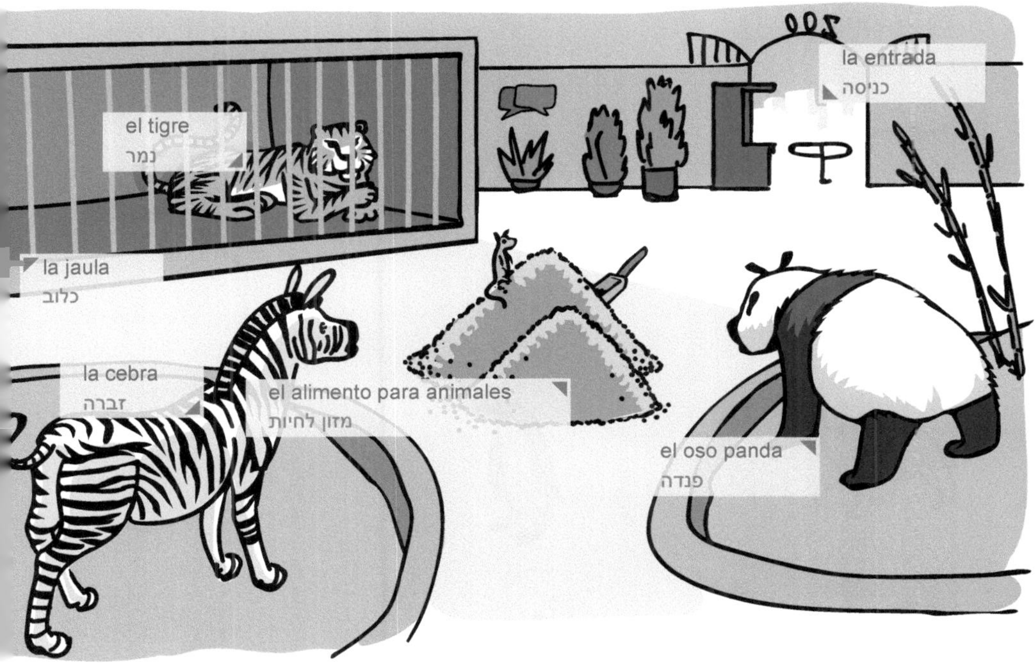

los animales
בעלי חיים

el elefante
פיל

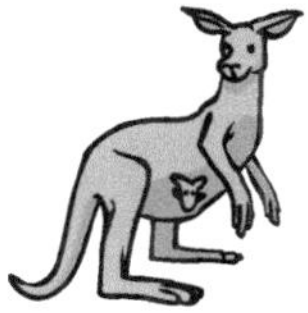

el canguro
קנגרו

el rinoceronte
קרנף

el gorila
גורילה

el oso
דוב

el camello

גמל

el avestruz

יען

el león

אריה

el mono

קוף

el flamenco

פלמינגו

el loro

תוכי

el oso polar

דוב הקרח

el pingüino

פינגווין

el tiburón

כריש

el pavo real

טווס

la serpiente

נחש

el cocodrilo

תנין

el cuidador del zoológico

שומר גן החיות

la foca

כלב ים

el jaguar

יגואר

el poni

סוס פוני

el leopardo

לאופרד

el hipopótamo

היפופוטאם

la jirafa

ג'ירפה

el águila

נשר

el jabalí

חזיר בר

el pescado

דג

la tortuga

צב

la morsa

סוס ים

el zorro

שועל

la gacela

איילה

los deportes

ספורט

el fútbol americano
פוטבול אמריקאי

el ciclismo
רכיבת אופניים

el tenis
טניס

el básquet
כדורסל

la natación
שחיה

el boxeo
אגרוף

el hockey sobre hielo
הוקי

el fútbol
כדורגל

el bádminton
בדמינטון

el atletismo
אתלטיקה

el handball
כדור-יד

el esquí
עשה סקי

el polo
פולו

saltar
קפץ

reír
צחק

abrazar
חיבק

caminar
הלך

cantar
שר

soñar
חלם

rezar
התפלל

besar
נשק

escribir
כתב

dibujar
צייר

mostrar
הראה

presionar
דחף

dar
נתן

tomar
לקח

tener

יש / להיות הבעלים

hacer

עשה

ser

היה

estar parado

עמד

correr

רץ

tirar

משך

tirar

זרק

caer

נפל

estar acostado

שכב

esperar

חיכה

llevar

סחב

estar sentado

ישב

vestirse

התלבש

dormir

ישן

despertar

התעורר

mirar

הסתכל ב-

llorar

בכה

acariciar

ליטף

peinar

סירק

hablar

דיבר

entender

הבין

preguntar

שאל

escuchar

שמע

beber

שתה

comer

אכל

ordenar

סידר

amar

אהב

cocinar

בישל

manejar

נהג

volar

עף

navegar

שט

calcular

חישב

leer

קרא

aprender

למד

trabajar

עבד

casarse

התחתן

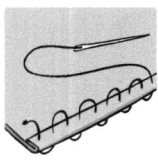

coser

תפר

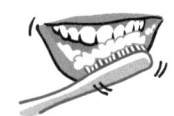

cepillarse los dientes

ציחצח שיניים

matar

הרג

fumar

עישן

enviar

שלח

la familia
משפחה

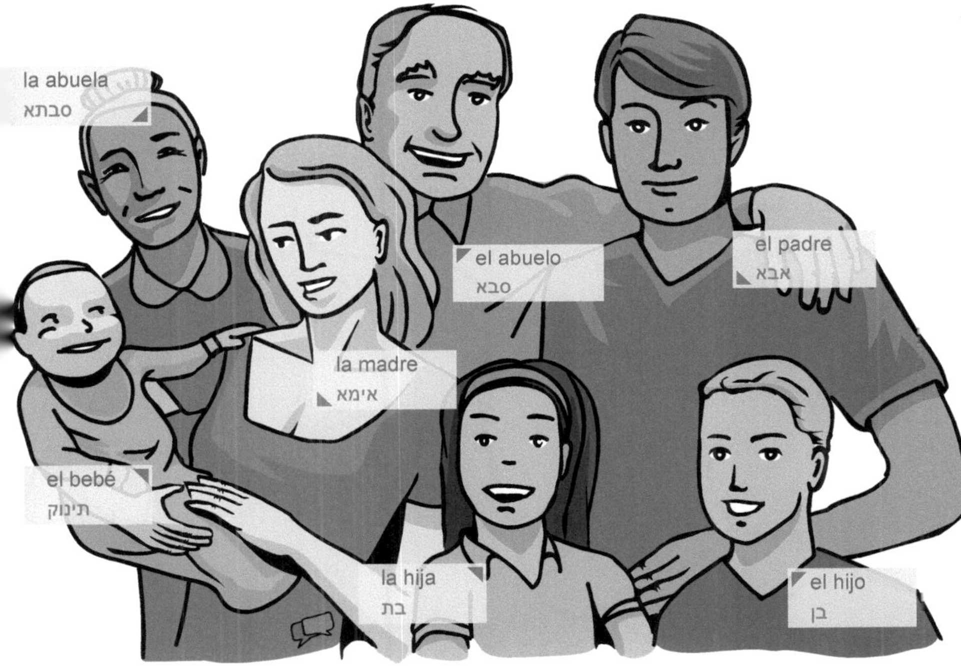

la abuela
סבתא
el abuelo
סבא
el padre
אבא
la madre
אימא
el bebé
תינוק
la hija
בת
el hijo
בן

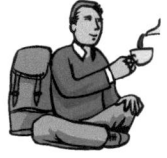

el invitado

אורח

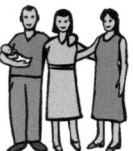

la tía

דודה

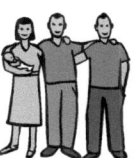

el tío

דוד

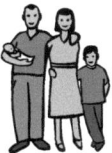

el hermano

אח

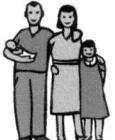

la hermana

אחות

el cuerpo
גוף

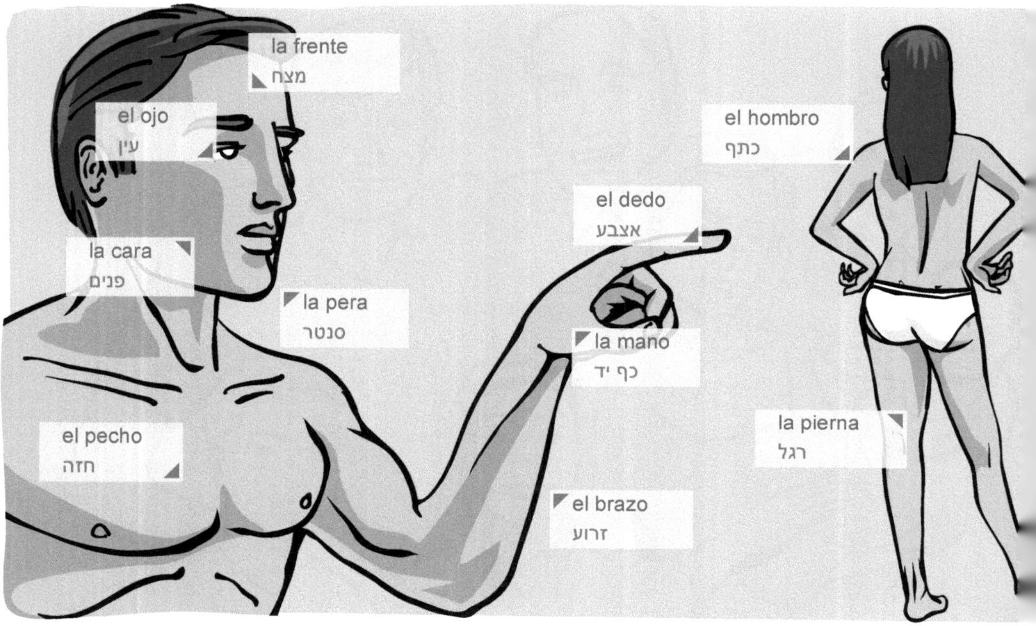
la frente
מצח
el ojo
עין
el hombro
כתף
el dedo
אצבע
la cara
פנים
la pera
סנטר
la mano
כף יד
la pierna
רגל
el pecho
חזה
el brazo
זרוע

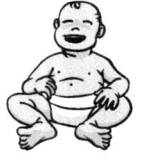

el bebé
תינוק

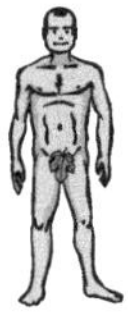
el hombre
איש

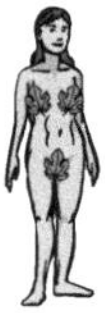
la mujer
אישה

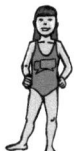

la nena
ילדה

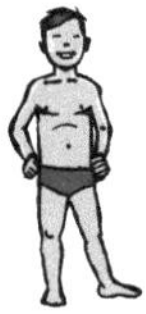
el nene
ילד

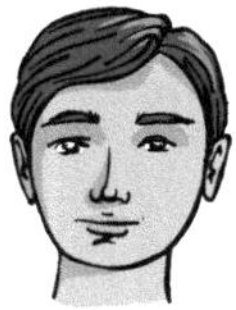
la cabeza
ראש

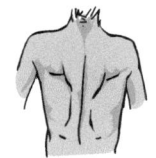

la espalda

גב

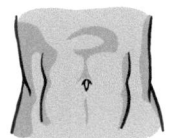

la panza

בטן

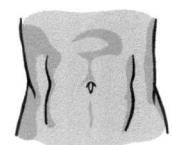

el ombligo

טבור

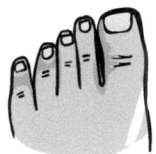

el dedo del pie

אצבע

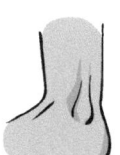

el talón

עקב

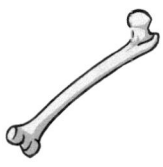

el hueso

עצם

la cadera

ירך

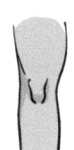

la rodilla

ברך

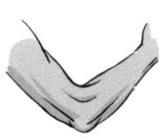

el codo

מרפק

la nariz

אף

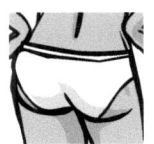

la cola

עכוז

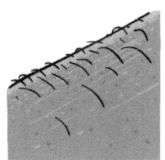

la piel

עור

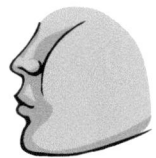

el cachete

לחי

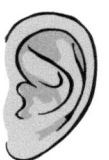

la oreja

אוזן

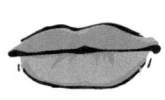

el labio

שפתיים

el cuerpo - גוף

la boca

פה

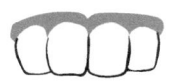

el diente

שן

la lengua

לשון

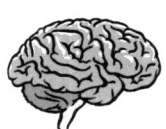

el cerebro

מוח

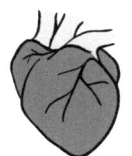

el corazón

לב

el músculo

שריר

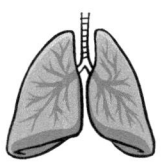

el pulmón

ריאה

el hígado

כבד

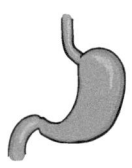

el estómago

קיבה

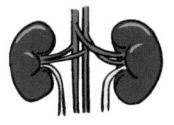

los riñones

כליות

el sexo

מין

el preservativo

קונדום

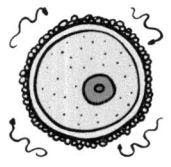

el óvulo

ביצית

el semen

זרע

el embarazo

הריון

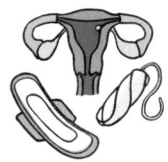

la menstruación

ווסת

la vagina

נרתיק

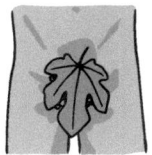

el pene

פין

la ceja

גבה

el pelo

שיער

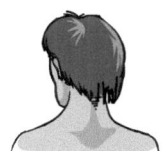

el cuello

צוואר

el hospital
בית חולים

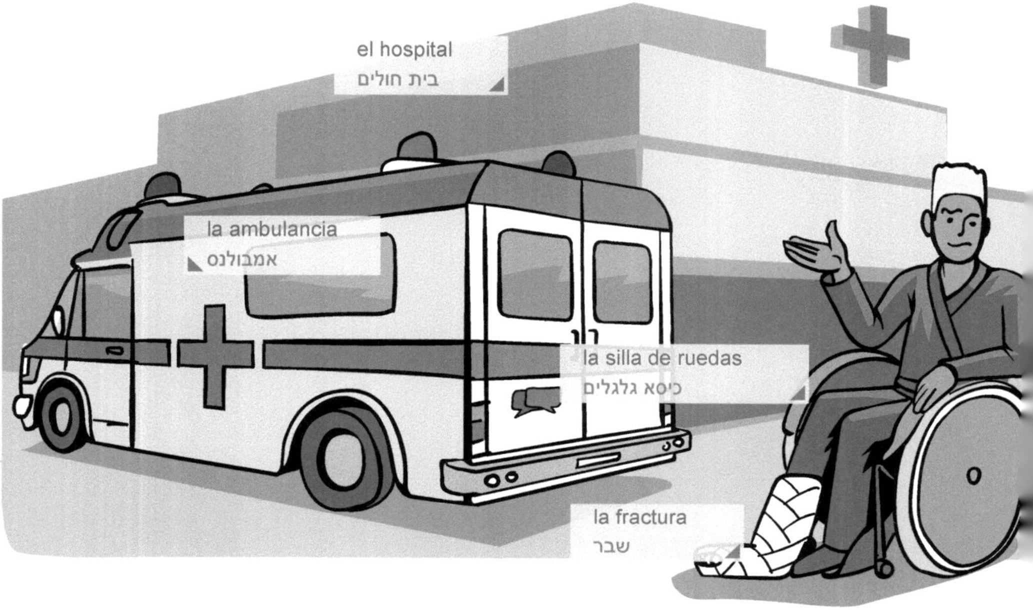

el hospital
בית חולים
la ambulancia
אמבולנס
la silla de ruedas
כיסא גלגלים
la fractura
שבר

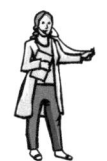

el médico

רופא

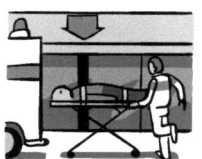

la sala de guardia

חדר מיון

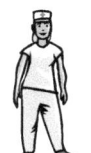

la enfermera

אחות

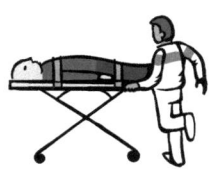

la emergencia

חירום

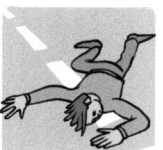

inconsciente

חסר הכרה

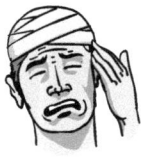

el dolor

כאב

la lesión

פציעה

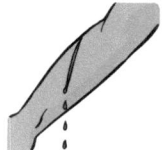

la hemorragia

דימום

el infarto

התקף לב

el ACV

שבץ

la alergia

אלרגיה

la tos

שיעול

la fiebre

חום

la gripe

שפעת

la diarrea

שלשול

el dolor de cabeza

כאב ראש

el cáncer

סרטן

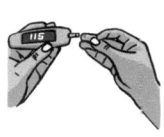

la diabetes

סוכרת

el cirujano

מנתח

el bisturí

אזמל

la operación

ניתוח

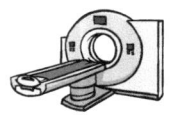

la TC

סי-טי

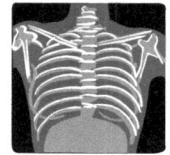

los rayos x

רנטגן

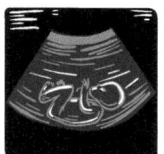

la ecografía

אולטרסאונד

el barbijo

מסיכת פנים

la enfermedad

מחלה

la sala de espera

חדר המתנה

la muleta

קבה

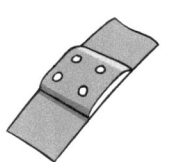

la curita

פלסטר

la venda

תחבושת

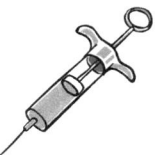

la inyección

זריקה

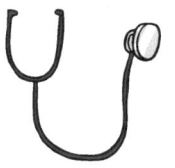

el estetoscopio

סטטוסקופ

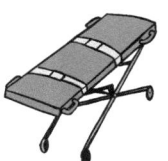

la camilla

אלונקה

el termómetro

מד חום

el nacimiento

לידה

el sobrepeso

עודף משקל

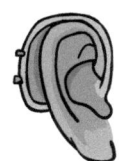

el audífono

מכשיר שמיעה

el desinfectante

מחטא

la infección

זיהום

el virus

נגיף

el VIH / SIDA

איידס

el remedio

תרופה

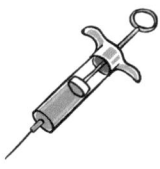

la vacunación

חיסון

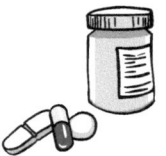

los comprimidos

טבליות

la pastilla anticonceptiva

גלולה

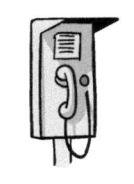

amada de emergencia

קריאת חירום

el tensiómetro

מד לחץ דם

enfermo / sano

חולה / בריא

¡Ayuda!

הצילו!

la alarma

אזעקה

la agresión

פשיטה

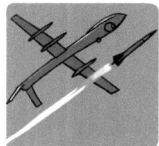

el ataque

תקיפה

el peligro

סכנה

la salida de emergencia

יציאת חירום

¡Fuego!

אש!

el matafuego

מטף כיבוי

el accidente

תאונה

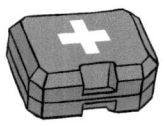

el botiquín de primeros
auxilios

ערכת עזרה ראשונה

el SOS

הצילו!

la policía

משטרה

Europa

אירופה

América del Norte

צפון אמריקה

América del Sur

דרום אמריקה

África

אפריקה

Asia

אסיה

Australia

אוסטרליה

el Atlántico

האוקיינוס האטלנטי

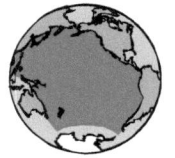

el Pacífico

האוקיינוס השקט

el Océano Índico

האוקיינוס ההודי

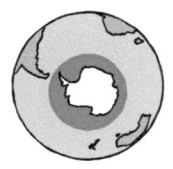

el Océano Antártico

האוקיינוס האנטרקטי

el Océano Ártico

האוקיינוס הארקטי

el polo norte

הקוטב הצפוני

el polo sur

הקוטב הדרומי

la Antártida

אנטארקטיקה

la Tierra

כדור הארץ

la tierra

אדמה

el mar

ים

la isla

אי

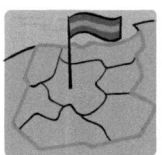

la nación

לאום

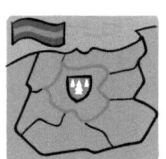

el estado

מדינה

la esfera

פני השעון

la manecilla de las horas

מחוג השעות

el minuterc

מחוג הדקות

el segundero

מחוג השניות

¿Qué hora es?

מה השעה?

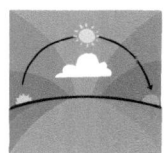

el día

יום

la hora

זמן

ahora

עכשיו

el reloj digital

שעון דיגיטלי

el minuto

דקה

la hora

שעה

la semana

שבוע

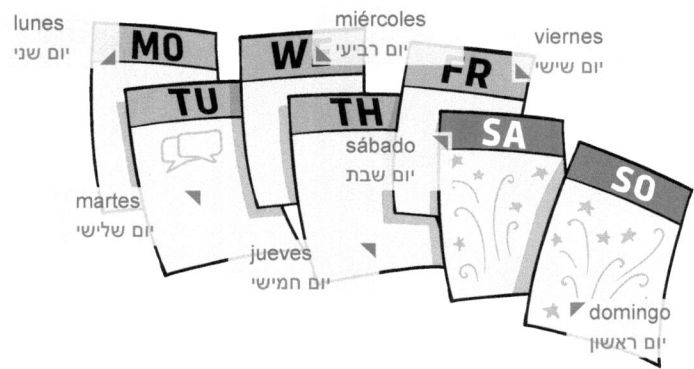

lunes — MO — יום שני
miércoles — W — יום רביעי
viernes — FR — יום שישי
martes — TU — יום שלישי
jueves — TH — יום חמישי
sábado — SA — יום שבת
domingo — SO — יום ראשון

ayer

אתמול

hoy

היום

mañana

מחר

la mañana

בוקר

el mediodía

צהריים

la tarde

ערב

los días hábiles

ימי עבודה

el fin de semana

סוף שבוע

el año
שנה

la lluvia
גשם
el arco iris
קשת בענן
la nieve
שלג
el viento
רוח
la primavera
אביב
el otoño
סתיו
el verano
קיץ
el invierno
חורף

4.APRIL 11°
5.APRIL 4°
6.APRIL 13°
7.APRIL 8°
8.APRIL 10°

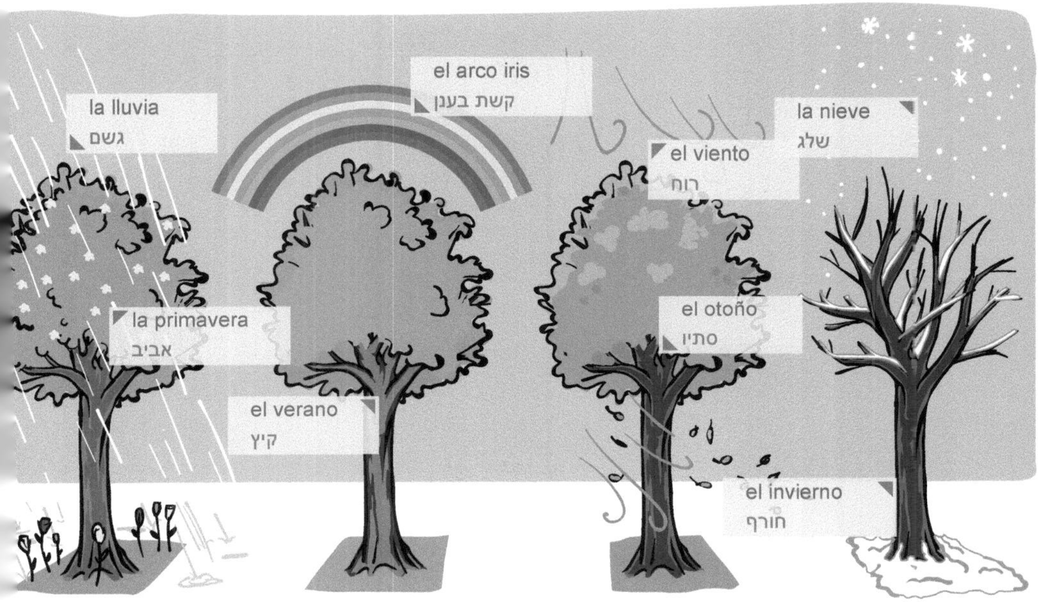

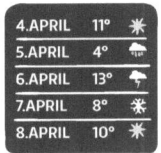

onóstico meteorológico

תחזית מזג האוויר

F C
120 40
90 30
60 20
30 10
0 0
-30 -10
-20

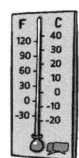

el termómetro

מד חום

la luz del sol

אור שמש

la nube

ענן

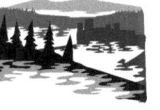

la niebla

ערפל

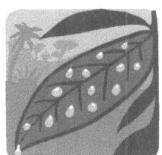

la humedad

לחות

el rayo

ברק

el trueno

רעם

la tormenta

סערה

el granizo

ברד

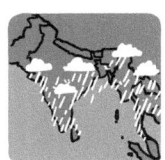

el monzón

רוח עונתי

la inundación

שיטפון

el hielo

קרח

enero

ינואר

febrero

פברואר

marzo

מרץ

abril

אפריל

mayo

מאי

junio

יוני

julio

יולי

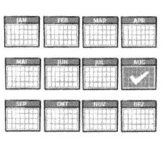

agosto

אוגוסט

septiembre

ספטמבר

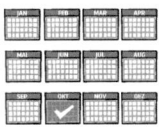

octubre

אוקטובר

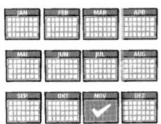

noviembre

נובמבר

diciembre

דצמבר

las formas

צורות

el círculo

עיגול

el cuadrado

מרובע

el rectángulo

מלבן

el triángulo

משולש

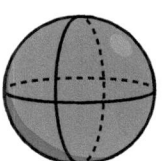

la esfera

כדור

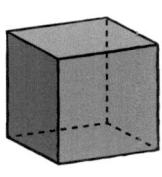

el cubo

קובייה

blanco

לבן

amarillo

צהוב

naranja

כתום

rosa

ורוד

rojo

אדום

violeta

סגול

azul

כחול

verde

ירוק

marrón

חום

gris

אפור

negro

שחור

mucho / poco

הרבה / מעט

enojado / tranquilo

כועס / רגוע

lindo / feo

יפה / מכוער

el principio / el fin

התחלה / סוף

grande / chico

גדול / קטן

claro / oscuro

בהיר / כהה

hermano / la hermana

אח / אחות

limpio / sucio

נקי / מלוכלך

completo / incompleto

שלם / חלקי

el día / la noche

יום /לילה

muerto / vivo

מת / חי

ancho / angosto

רחב / צר

comestible / no comestible

אכיל / לא אכיל

malo / amable

רשע / טוב לב

entusiasmado / aburrido

מתרגש / משועמם

gordo / flaco

שמן / רזה

primero / último

ראשון / אחרון

el amigo / el enemigo

חבר / אויב

lleno / vacío

מלא / ריק

duro / blando

קשה / רך

pesado / liviano

כבד / קל

el hambre / la sed

רעב / צמא

enfermo / sano

חולה / בריא

ilegal / legal

בלתי-חוקי / חוקי

inteligente / estúpido

נבון / טיפש

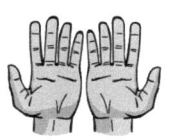

izquierda / derecha

שמאל / ימין

cerca / lejos

קרוב / רחוק

nuevo / usado

חדש / משומש

nada / algo

כלום / משהו

viejo / joven

זקן / צעיר

encendido / apagado

פעיל / כבוי

abierto / cerrado

פתוח / סגור

silencioso / ruidoso

שקט / רועש

rico / pobre

עשיר / עני

correcto / incorrecto

נכון / שגוי

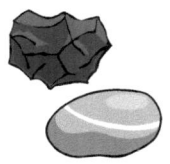

áspero / suave

מחוספס / חלק

triste / contento

עצוב / שמח

corto / largo

קצר / ארוך

lento / rápido

איטי / מהיר

mojado / seco

רטוב / יבש

caliente / frío

חם / קר

guerra / paz

מלחמה / שלום

los opuestos - הפכים

0

cero

אפס

1

uno

אחת

2

dos

שתיים

3

tres

שלוש

4

cuatro

ארבע

5

cinco

חמש

6

seis

שש

7

siete

שבע

8

ocho

שמונה

9

nueve

תשע

10

diez

עשר

11

once

אחת-עשרה

12

doce

שתים-עשרה

13

trece

שלוש-עשרה

14

catorce

ארבע-עשרה

15

quince

חמש-עשרה

16

dieciséis

שש-עשרה

17

diecisiete

שבע-עשרה

18

dieciocho

שמונה-עשרה

19

diecinueve

תשע-עשרה

20

veinte

עשרים

100

cien

מאה

1.000

mil

אלף

1.000.000

el millón

מיליון

שפות

el inglés

אנגלית

el inglés americano

אנגלית אמריקאית

el chino mandarín

סינית מנדרינית

el hindi

הודית

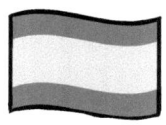

el español

ספרדית

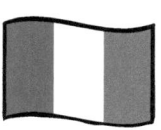

el francés

צרפתית

el árabe

ערבית

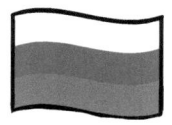

el ruso

רוסית

el portugués

פורטוגזית

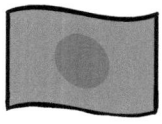

el bengalí

בנגלית

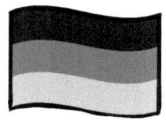

el alemán

גרמנית

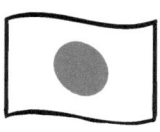

el japonés

יפנית

yo

אני

vos

אתה / את

él / ella

הוא / היא / זה

nosotros

אנחנו

ustedes

אתם

ellos

הם

¿quién?

מי?

¿qué?

מה?

¿cómo?

איך?

¿dónde?

איפה?

¿cuándo?

מתי?

el nombre

שם

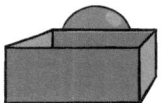

detrás

מאחור

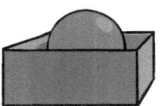

en

בתוך

adelante de

לפני

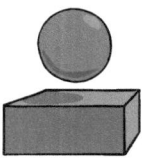

por encima de

מעל

sobre

על

debajo de

מתחת

al lado de

ליד

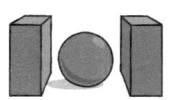

entre

בין

el lugar

מקום